Heinz Hille

# Java Database Connectivity

Leitfaden zur Programmierung von Datenbankschnittstellen auf Java-Plattformen

Heinz Hille

## **Java Database Connectivity**

Leitfaden zur Programmierung von Datenbankschnittstellen auf Java-Plattformen

www.europäischer-hochschulverlag.de

Hille, Heinz
**Java Database Connectivity**
*Leitfaden zur Programmierung von Datenbankschnitt-*
*stellen auf Java-Plattformen*

2. Auflage 2009
ISBN: 978-3-941482-30-2
© Europäischer Hochschulverlag GmbH & Co. KG,
Bremen, 2009.
www.europäischer-hochschulverlag.de
Alle Rechte vorbehalten

Die Deutsche Bibliothek verzeichnet diesen Titel in
der Deutschen Nationalbibliografie. Bibliografische
Daten sind unter http://dnb.ddb.de abrufbar.

**Für Anja**

# Inhalt

| | | |
|---|---|---|
| Aufstellung der Listings | | V |
| Aufstellung der Tabellen | | VI |
| Aufstellung der Abbildungen | | VII |
| 1 | Motivation, Aufbau | 1 |
| 2 | Grundlagen | 3 |
| 2.1 | Funktion von JDBC | 3 |
| 2.2 | Die Architektur von JDBC | 4 |
| 2.2.1 | Treibertypen | 4 |
| 3 | Grundlegende Funktionen von JDBC | 10 |
| 3.1 | Öffnen einer Verbindung | 10 |
| 3.2 | Erzeugen von Anweisungsobjekten | 13 |
| 3.3 | Datenbankabfragen | 14 |
| 3.4 | Datenbankänderungen | 17 |
| 3.5 | Die Klasse SQLException | 18 |
| 3.6 | Die Beispieldatenbank „BuchLaden" | 20 |
| 3.6.1 | Anforderungen und Design | 20 |
| 3.6.2 | Das Programm | 21 |
| 3.6.3 | Die Verbindung zur Datenbank herstellen | 24 |
| 3.6.4 | Systemvoraussetzungen | 26 |
| 3.6.5 | Anlegen und Füllen der Tabellen | 27 |

| 4 | **Metadaten und Transaktionen** | **28** |
|---|---|---|
| 4.1 | Metadaten | 28 |
| 4.2 | Transaktionen | 29 |
| **5** | **Basisadministration von MySQL** | **32** |
| 5.1 | XAMPP und phpMyAdmin | 32 |
| 5.2 | Der MySQL-Client | 36 |
| 5.2.1 | Anmeldung an MySQL-Client | 36 |
| 5.2.2 | Anzeigen von Datenbanken | 38 |
| 5.2.3 | Verwendung einer Datenbank | 39 |
| 5.2.4 | Erstellen einer Datenbank | 40 |
| 5.2.5 | Löschen von Datenbanken | 42 |
| 5.3 | SQL-Skripte verwenden | 43 |
| **6** | **SQL-Kurzreferenz** | **45** |
| 6.1 | Ändern von Datenstrukturen | 46 |
| 6.2 | Ändern von Daten | 48 |
| 6.3 | Lesen von Daten | 49 |
| **7** | **Hibernate** | **54** |
| 7.1 | Hibernate Architektur | 54 |
| 7.2 | Hibernate communication with RDBMS | 56 |
| 7.3 | Vergleich von JDBC zu Hibernate | 58 |
| 7.3.1 | Vorteile von Hibernate gegenüber JDBC | 58 |

|   |   |   |
|---|---|---|
| 7.3.2 | Nachteile von Hibernate | 61 |
| **8** | **Verwendung von JDBC und XML** | **64** |
| 8.1 | Verwendung von JDOM | 64 |
| 8.2 | Verwendung von DOM | 70 |
| 8.2.1 | Analysieren von XML Daten | 70 |
| 8.2.2 | Hinzufügen von Elementen | 71 |
| 8.2.3 | Hinzufügen von Attributen | 73 |
| **9** | **Nützliche Quellen** | **76** |
| **10** | **Anhang** | **78** |
| 10.1 | Abkürzungen | 78 |
| 10.2 | Literatur- und Quellenverzeichnis | 79 |

# Aufstellung der Listings

Listing 1: Behandeln einer SQLException — 20

Listing 2: Das Rahmenprogramm der Datenbank BuchLaden — 23

Listing 3: Anzeigen von Datenbanken — 38

Listing 4: Verwendung einer Datenbank — 39

Listing 5: Anzeigen der Tabellen in der Datenbank „BuchLaden" — 39

Listing 6: Aufbau der Tabelle BuchDaten — 40

Listing 7: Erstellen einer Datenbank — 40

Listing 8: Erzeugen einer Tabelle — 41

Listing 9: Löschen einer Datenbank — 43

Listing 10: Abruf von Daten aus Tabelle BuchDaten — 58

Listing 11: Generierung von XML und Import von/aus Datenbank mit jdom — 69

Listing 12: Analysen einer XML Struktur mit DOM — 71

Listing 13: Hinzufügen von Elementen mit DOM — 73

Listing 14: Hinzufügen von Attributen mit DOM — 75

# Aufstellung der Tabellen

Tabelle 1: get-Methoden von ResultSet — 16

Tabelle 2: Die Struktur der Tabelle BuchDaten — 20

Tabelle 3: SQL-Datentypen — 47

Tabelle 4: SQL-Aggregatfunktionen — 50

## Aufstellung der Abbildungen

Abbildung 1: Typischen Datenbankaufruf (mit JDBC), [GKöster07]    4

Abbildung 2: Die 4 Treiber Typen von JDBC, [Wiki01]    6

Abbildung 3: Typ 1 und Typ 2,3 JDBC-Treiber, [MHall07]    7

Abbildung 4: Einbindung einer Datenbank in eine Webapplikation [PBrosch]    8

Abbildung 5: Verwendete Klassen bei Projekt „BuchLaden"    24

Abbildung 6: Einstiegsmaske XAMPP, [XAMP01]    33

Abbildung 7: Zugriff auf MySQL Datenbank über XAMPP, [XAMP01]    35

Abbildung 8: Darstellung der Architektur von Hibernate    56

# 1 Motivation, Aufbau

## Motivation

Motivation ist es JDBC näher zu beleuchten. Es wird vorausgesetzt, dass der Leser Erfahrungen bei den Grundlagen von Datenbanken und Java gesammelt hat. Sollten die Grundlagen zu Datenbanken nicht vorhanden sein, sei auf [DB01], [DB02] und Kapitel 6 verwiesen. JDBC ist ein sehr umfassendes Gebiet, das nicht vollständig behandelt werden kann. Vor allem gibt es in der Entwicklung von JDBC mittlerweile verschiedene Versionen. Daher wird stattdessen ein pragmatischer Ansatz verfolgt, der wichtige Grundlagen erläutert und auf JDBC 2.0 aufbaut.

JDBC wurde mit der Version 3.0 unter den **Java Community Prozess** (JCP) gestellt. JSR 154 spezifiziert JDBC 3.0 (in J2SE 1.4), JSR 114 spezifiziert die Ergänzungen im JDBC Rowset und JSR 221 ist die Spezifikation von JDBC 4.0 (in Java SE 6). Dabei ist Java Community Process, ein formaler Prozess, der 1998 eingeführt wurde, um alle interessierte Stakeholdern in zukünftige Definition von Versionen und Standards der Java Plattform einzubeziehen.

## Aufbau

Im Abschnitt 2 wird zunächst die grundsätzliche Architektur von JDBC und datenbankbasierten Java-Anwendungen dargestellt. Anschließend werden in Kapitel 2.2 die wichtigsten Bestandteile der JDBC- Schnittstelle vorgestellt und ihre jeweilige Funktionsweise kurz erläutert.

Grundlegende Funktionen zu JDBC werden in Kapitel 3 vorgestellt. In Kapitel 4 werden einige speziellere Themen wie Metadaten und Transaktion beleuchtet. Basisadministration für MySQL wird in Kapitel 5 betrachtet. In Kapitel 6 findet sich eine SQL Kurzreferenz.

Es gibt jedoch auch eine ganze Menge an Themen, die hier nicht behandelt werden können. Dazu zählen beispielsweise Trigger, Blobs und Stored Procedures, die Erweiterungen in JDBC 3.0, 4.0 und noch vieles mehr. Es gibt nur Hinweise zu MySQL, um eine „einfache" Anbindung erstellen zu können. In dem Zusammenhang wird auf die notwendigen „Nachschlagewerke" verwiesen.

# 2 Grundlagen

## 2.1 Funktion von JDBC

Nachdem Sun die Version 1.0 des Java Development Kit (JDK) vorgelegt hatte, ging man an die Entwicklung einer einheitlichen Datenbankschnittstelle für Java-Programme. Es gab schon zuvor Schnittstellen zu Datenbanken, jedoch gab es feste Erwartungen an JDBC (Abkürzung für „<u>J</u>ava <u>D</u>ata<u>b</u>ase <u>C</u>onnectivity").

- Satz von Schnittstellen zum Zugriff von Java Programmen auf relationale Datenbanken
- Abstraktion von der konkret eingesetzten Datenbank
- Objektorientierter Ansatz von Java verfolgt
- Einheitliches Kommunikationsschema wie in Abbildung 1

Anstelle des von vielen Entwicklern erwarteten objektorientierten Ansatzes verfolgten die Designer dabei das primäre Ziel, die große Zahl vorhandener SQL-Datenbanken problemlos anzubinden. In konzeptioneller Anlehnung an die weitverbreitete

ODBC-Schnittstelle wurde daraufhin mit *JDBC (Java Database Connectivity)* ein standardisiertes Java-Datenbank-Interface entwickelt, das mit der Version 1.1 fester Bestandteil des JDK wurde.

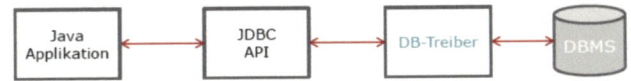

*Abbildung 1: Typischen Datenbankaufruf (mit JDBC), [GKöster07]*

JDBC stellt ein *Call-Level-Interface* zur SQL-Datenbank dar. Bei einer solchen Schnittstelle werden die SQL-Anweisungen im Programm als Zeichenketten bearbeitet und zur Ausführung an parametrisierbare Methoden übergeben. Rückgabewerte und Ergebnismengen werden durch Methodenaufrufe ermittelt und nach einer geeigneten Typkonvertierung im Programm weiterverarbeitet.

## 2.2 Die Architektur von JDBC

### 2.2.1 Treibertypen

JDBC ist keine eigene Datenbank, sondern eine Schnittstelle zwischen einer SQL-Datenbank und der Applikation, die sie benutzen will (siehe Abbildung 1). Bezüglich der Architektur der zugehörigen Verbindungs-, Anweisungs- und Ergebnisklassen unterscheidet man vier Typen von JDBC-Treibern:

- Typ1: JDBC –ODBC –Brücke:
    - nutzt ODBC-Standard von Microsoft; weitverbreitet auf Windowssystemen
    - Performanceschwächen, plattformabhängig, ungeeignet für den Einsatz im Netz
- Typ2: Native plattformeigene JDBC –Treiber
    - JDBC-Aufrufe werden direkt in Aufrufe des DB-API übersetzt
- Typ3: universelle JDBC –Treiber
    - Kommunikation über Middleware; komprimiertes Protokoll
    - günstig für Internetdienste
- Typ4: direkte Netzwerktreiber
    - direkte Verbindung zur DB über offenen IP-Port

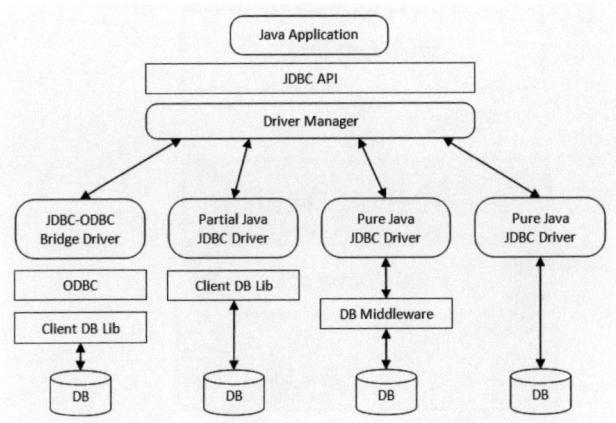

*Abbildung 2: Die 4 Treiber Typen von JDBC, [Wiki01]*

Wir werden hier lediglich den Typ 2 bzw. den Typ 3 betrachten. Bei Typ 1 handelt es sich um eine Bridge, bei der ein so genannter ODBC Treiber mit verwendet wird. Typ 4 hängt von Vorgaben von Datenbank-Herstellern ab und soll im Folgenden ebenfalls nicht näher betrachtet werden.

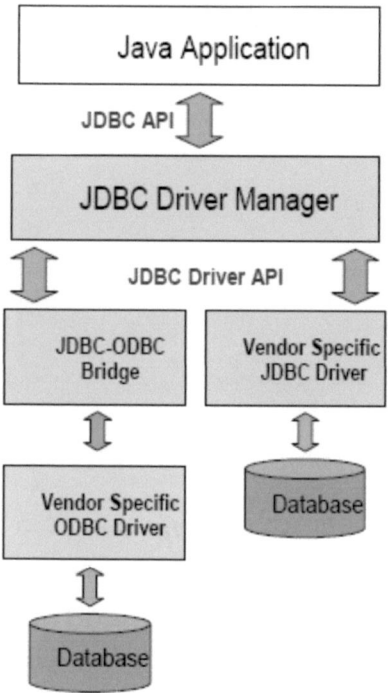

*Abbildung 3: Typ 1 und Typ 2,3 JDBC-Treiber, [MHallo7]*

Der Typ 1 ist in Abbildung 3 nochmals dem Typ 2 bzw Typ 3 gegenübergestellt. Um einen Typ 1 Treiber nutzen zu können, muss zunächst ein ODBC installiert werden. Dabei ist unter anderem zu beachten, dass die korrekte ODBC Version verwendet wird. Ferner werden für eine einfache Datenbankanbindung mehrere Layer an Software verwendet. Dies ist sicherlich in dem einen oder anderen Fall sinnvoll, soll aber hier nicht weiter Gegenstand der Betrachtung sein.

In weiteren wird immer wieder von einer Datenbank **BuchLaden** die Rede sein. Es wird gezeigt werden, wie die Datenbank angelegt und verwaltet wird. Jedoch wird nicht weiter auf die Architektur der Applikation eingegangen. Dies wird in [Hille01] genauer betrachtet.

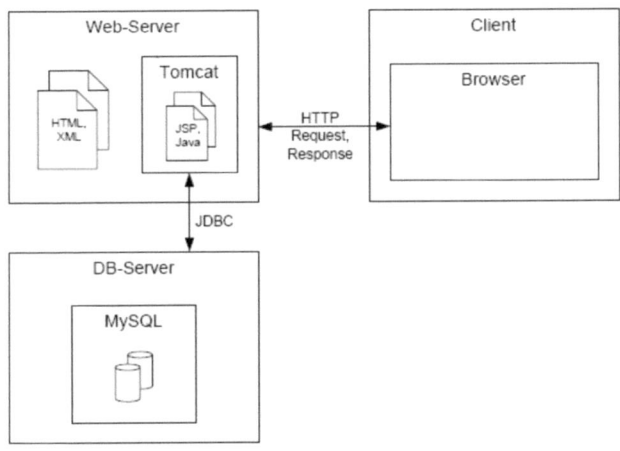

*Abbildung 4: Einbindung einer Datenbank in eine Webapplikation [PBrosch]*

Die Applikation selbst kann entweder wie in Abbildung 4 dargestellt eine Webapplikation oder eine Applikation sein. Das ist für die weitere Betrachtung nicht notwendig. In Abbildung 4 gibt es 3

Bestandteile der Applikation. Und zwar eine Datenbank (MySQL Datenbank). Daneben einen Web-Server und einen Client. Im Folgenden wird im Wesentlichen gezeigt wie eine Verbindung vom Web-Server zur Datenbank aufgebaut wird. Ferner gibt es einen kleinen Einblick in die Arbeitsweise der MySQL Datenbank (siehe Kapitel 5), um eine Datenbank **BuchLaden** einrichten zu können (siehe Kapitel 3.6 und Kapitel 6).

# 3 Grundlegende Funktionen von JDBC

## 3.1 Öffnen einer Verbindung

Bevor mit JDBC auf eine Datenbank zugegriffen werden kann, muss zunächst eine Verbindung zu ihr hergestellt werden. Dazu muss der Datenbanktreiber geladen und initialisiert und mit Hilfe des Treibermanagers ein Verbindungsobjekt beschafft werden. Es bleibt während der gesamten Verbindung bestehen und dient als Lieferant für spezielle Objekte zur Abfrage und Veränderung der Datenbank. Alle Klassen zum Zugriff auf die JDBC-Schnittstelle liegen im Paket *java.sql*, das am Anfang des Programms importiert werden sollte:

```
import java.sql.*;
```

Jeder JDBC-Treiber hat einen statischen Initialisierer, der beim Laden der Klasse aufgerufen wird. Seine Aufgabe besteht darin, sich beim *Treibermanager* zu registrieren, um bei späteren Verbindungsanfragen von diesem angesprochen werden zu können. Das Laden der Treiberklasse wird üblicherweise durch Aufruf der Methode *forName* der Klasse **Class** erledigt. Um einen Treiber zu laden, muss man also seinen vollständigen Klassennamen kennen:

***Class.forName("sun.jdbc.odbc.JdbcOdbcDriver");***

Dabei ist ***sun.jdbc.odbc.JdbcOdbcDriver*** der Name einer JDBC-ODBC-Bridge (Typ 1), mit der die oben erwähnten Typ-1-Treiber realisiert werden. Die Namen alternativer Treiber sind der Dokumentation des jeweiligen Herstellers zu entnehmen.

Nachdem der Treiber geladen wurde, kann er dazu verwendet werden, eine Verbindung zu einer Datenbank aufzubauen. Dazu wird an die statische Methode ***getConnection*** der Klasse ***DriverManager*** ein String und eventuell weitere Parameter übergeben, um den Treibertyp, die Datenbank und nötigenfalls weitere Informationen festzulegen. ***getConnection*** gibt es in drei Ausprägungen:

```
static Connection getConnec-      java.sql.DriverManager
        tion(
  String url
)

static Connection getConnec-
        tion(
  String url,
  String user,
  String password
)
```

Die erste Variante erwartet lediglich einen Connection-String als Argument, der in Form eines URL (Uniform Ressource Locator) übergeben wird. Der Connection-String besteht aus mehreren Teilen, die durch Doppelpunkte voneinander getrennt sind.

Der erste Teil ist immer "jdbc" und zeigt an, daß es sich um einen JDBC-URL handelt. Der zweite Teil wird als *Sub-Protokoll* bezeichnet und gibt an, welcher Treiber verwendet werden soll (z.B. „mysql"). Die übrigen Teile sind treiberspezifisch. Connection-Strings für die JDBC-ODBC-Bridge beginnen immer mit "jdbc:odbc", gefolgt von einem weiteren Doppelpunkt, nach dem der Name der ODBC-Datenquelle angegeben wird:

con = DriverManager.getConnection ("jdbc:odbc:DB");

Die zweite Variante von **getConnection** erlaubt es, zusätzlich den Benutzernamen und das Passwort an die Datenbank zu übergeben. Das ist bei vielen Datenbanken erforderlich, um eine Verbindung aufbauen zu können. Welche Variante zu verwenden ist, muss der jeweiligen Treiberdokumentation entnommen werden.

Wenn die Verbindung erfolgreich aufgebaut werden konnte, liefert **getConnection** ein Objekt, das das Interface **Connection** implementiert. Dieses Verbindungsobjekt repräsentiert die aktuelle Datenbanksitzung und dient dazu, Anweisungsobjekte zu erzeugen und globale Einstellungen an der Datenbank zu verändern. Das **Connection**-Objekt kann durch Aufruf von **close** explizit geschlossen werden.

Die Verbindung wird automatisch geschlossen, wenn die **Connection**-Variable vom Garbage Collector zerstört wird.

## 3.2  Erzeugen von Anweisungsobjekten

Alle Abfragen und Änderungen der Datenbank erfolgen mit Hilfe von *Anweisungsobjekten*. Das sind Objekte, die das Interface **Statement** oder eines seiner Subinterfaces implementieren und von speziellen Methoden des **Connection**-Objekts erzeugt werden können:

```
Statement createStatement()            java.sql.Connection

PreparedStatement prepareState-
     ment(String sql)

CallableStatement prepare-
     Call(String sql)
```

Die einfachste Form ist dabei das von *createStatement* erzeugte **Statement**-Objekt. Es kann dazu verwendet werden, unparametrisierte Abfragen und Änderungen der Datenbank zu erzeugen. Seine beiden wichtigsten Methoden sind *executeQuery* und *executeUpdate*. Sie erwarten einen SQL-String als Argument und reichen diesen an die Datenbank weiter. Zurückgegeben wird entweder ein einfacher numerischer Ergebniswert, der den Erfolg der Anweisung anzeigt, oder eine Menge von Datenbanksätzen, die das Ergebnis der Abfrage repräsentieren. Auf die beiden übrigen Anweisungstypen werden wir später zurückkommen.

## 3.3 Datenbankabfragen

Hat man ein **Statement**-Objekt beschafft, kann dessen Methode **executeQuery** verwendet werden, um Daten aus der Datenbank zu lesen:

```
public ResultSet executeQuery      java.sql.Statement
        (String sql)
  throws SQLException
```

Die Methode erwartet einen SQL-String in Form einer gültigen *SELECT-Anweisung* und gibt ein Objekt vom Typ **ResultSet** zurück, das die Ergebnismenge repräsentiert. Als Argument dürfen beliebige SELECT-Anweisungen übergeben werden, sofern sie für die zugrunde liegende Datenbank gültig sind. Die folgende SQL-Anweisung selektiert beispielsweise alle Sätze aus der Tabelle **BuchDaten**, deren Feld *buch_id* den Wert 724234 hat:

SELECT * FROM BuchDaten WHERE buch_id = 724234

Das zurückgegebene Objekt vom Typ **ResultSet** besitzt eine Methode **next**, mit der die Ergebnismenge schrittweise durchlaufen werden kann:

```
boolean next()                      java.sql.ResultSet
```

Nach dem Aufruf von *executeQuery* steht der Satzzeiger zunächst *vor* dem ersten Element, jeder Aufruf von *next* positioniert ihn auf das nächste Element. Der Rückgabewert gibt an, ob die Operation erfolgreich war. Ist er *false*, gibt es keine weiteren Elemente in der Ergebnismenge. Ist er dagegen *true*, konnte das nächste Element erfolgreich ausgewählt werden, und mit Hilfe verschiedener *get...*-Methoden kann nun auf die einzelnen Spalten zugegriffen werden. Jede dieser Methoden steht in zwei unterschiedlichen Varianten zur Verfügung:

- Wird ein numerischer Wert *n* als Argument übergeben, so wird dieser als Spaltenindex interpretiert und der Wert der *n*-ten Spalte zurückgegeben. Wichtig: Anders als bei Arrays hat die erste Spalte den Index 1.

- Wird ein *String* als Argument übergeben, so wird er als Name interpretiert und der Wert der Spalte mit diesem Namen zurückgegeben. Diese Variante soll zwar marginal langsamer als die erste sein, ist aber weniger fehlerträchtig. Da der Aufruf nicht mehr von der Spaltenreihenfolge der Abfrage abhängt, ist ihr normalerweise der Vorzug zu geben.

Um dem Entwickler lästige Typkonvertierungen zu ersparen, gibt es alle getXXX-Methoden in unterschiedlichen Typisierungen. So liefert beispielsweise **getString** das gewünschte Feld als **String**, während **getInt** es als **int** zurückgibt. Wo es möglich und sinnvoll ist, werden automatische Typkonvertierungen durchgeführt; **getString** kann beispielsweise für nahezu alle Typen verwendet werden. Tabelle 1 gibt eine Übersicht über die wichtigsten get-Methoden der Klasse **ResultSet**. In Tabelle 3 findet sich eine Übersicht der wichtigsten SQL-Datentypen.

| Rückgabewert | Methodenname |
|---|---|
| boolean | getBoolean |
| byte | getByte |
| byte[] | getBytes |
| Date | getDate |
| double | getDouble |
| float | getFloat |
| int | getInt |
| long | getLong |
| short | getShort |
| String | getString |
| Time | getTime |
| Timestamp | getTimestamp |

*Tabelle 1: get-Methoden von ResultSet*

Soll festgestellt werden, ob eine Spalte den Wert **Null** hatte, so kann das *nach* dem Aufruf der get-Methode durch Aufruf von **wasNull** abgefragt werden. **wasNull** gibt genau dann **true** zurück, wenn die letzte abgefragte Spalte einen **NULL**-Wert als Inhalt hatte. Bei allen Spalten, die **NULL**-Werte enthalten können, *muß* diese Abfrage also erfolgen. Bei den get-Methoden, die ein Objekt als Ergebniswert haben, geht es etwas einfacher. Hier wird **null** zurückgegeben, wenn der Spaltenwert **NULL** war.

## 3.4 Datenbankänderungen

Datenbankänderungen werden mit den SQL-Anweisungen **INSERT INTO, UPDATE** oder **DELETE FROM** oder den SQL-DDL-Anweisungen (*Data Definition Language*) zum Ändern der Datenbankstruktur durchgeführt. Im Gegensatz zu Datenbankabfragen geben diese Anweisungen keine Ergebnismenge zurück, sondern lediglich einen einzelnen Wert. Im Falle von **INSERT INTO, UPDATE** und **DELETE FROM** gibt dieser Wert an, wie viele Datensätze von der Änderung betroffen waren, bei DDL-Anweisungen ist er immer 0. Um solche Anweisungen durchzuführen, stellt das Interface **Sta-**

***tement*** die Methode ***executeUpdate*** zur Verfügung:

```
public int executeUpdate (String sql)
  throws SQLException
```
java.sql.Statement

Auch sie erwartet als Argument einen String mit einer gültigen SQL-Anweisung, beispielsweise:

INSERT INTO BuchDaten VALUES (1, 342, '3-734234', 'LINUX Buch', 2008, 3)

Könnte diese Anweisung erfolgreich ausgeführt werden, würde sie 1 zurückgeben. Andernfalls würde eine ***SQLException*** ausgelöst.

## 3.5 Die Klasse SQLException

Wenn SQL-Anweisungen fehlschlagen, lösen sie normalerweise eine Ausnahme des Typs ***SQLException*** aus. Das gilt sowohl, wenn keine Verbindung zur Datenbank zustande gekommen ist, als auch bei allen Arten von Syntaxfehlern in SQL-Anweisungen. Auch bei semantischen Fehlern durch falsche Typisierung oder inhaltlich fehlerhafte SQL-Anweisungen wird eine solche Ausnahme ausgelöst.

- Basisklasse ist SQLException
    - enthält Fehlerbeschreibung, sowie eine weitere Beschreibung des SQL-Status,

und eine Ganzzahl vom Datenbanktreiber

- SQLWarning enthält keine kritischen Fehler, sondern Warnung
  - bereitgestellt von ResultSet-, Connection-, Statementobjekten
  - muss explizit ausgegeben werden über: *SQLWarning getWarnings()*
  - andernfalls wird das SQLWarning überschrieben

```
int getErrorCode()                java.sql.SQLException

String getSQLState()

SQLException getNextExcep-
      tion()
```

Mit *getErrorCode* kann der herstellerspezifische Fehlercode abgefragt werden, *getSQLState* liefert den internen SQL-Zustandscode. Etwas ungewöhnlich ist die Methode *getNextException*, denn sie unterstützt die *Verkettung* von Ausnahmen. Jeder Aufruf holt die nächste Ausnahme aus der Liste. Ist der Rückgabewert *null*, gibt es keine weiteren Ausnahmen. Hierzu das folgende Beispiel:

```
001 ...
002 catch (SQLException e) {
003    while (e != null) {
004       System.err.println(e.toString());
005       System.err.println("SQL-State: " +
          e.getSQLState());
006       System.err.println("ErrorCode: " +
          e.getErrorCode());
```

```
007     e = e.getNextException();
008   }
009 }
```

*Listing 1: Behandeln einer SQLException*

## 3.6 Die Beispieldatenbank „BuchLaden"

### 3.6.1 Anforderungen und Design

In diesem Abschnitt wollen wir uns die zuvor eingeführten Konzepte in der Praxis ansehen. Dazu erzeugen wir eine einfache Datenbank **BuchLaden**, die Informationen zu Dateien und Verzeichnissen speichern kann. Über eine einfache Kommandozeilenschnittstelle können die Tabellen mit den Informationen aus dem lokalen Dateisystem gefüllt und auf unterschiedliche Weise abgefragt werden.

**BuchLaden** besitzt lediglich eine Tabelle **BuchDaten** für eine Inhaltsliste aller Bücher. Sie hat folgende Struktur:

| Name | Typ | Bedeutung |
|---|---|---|
| Id | INT | Primärschlüssel |
| buch_id | INT | Verzeichnisname |
| isbn | String | Schlüssel Vaterverzeichnis |
| Buchtitel | String | Anzahl der Verzeichniseinträge |
| Jahr | INT | Erscheinungsjahr |
| Kategorie | INT | Kategorie des Buches |

*Tabelle 2: Die Struktur der Tabelle BuchDaten*

## 3.6.2 Das Programm

Wir implementieren eine Klasse **BuchDaten**, die (der Einfachheit halber) alle Funktionen mit Hilfe statischer Methoden realisiert. Die Klasse und ihre *main*-Methode sehen so aus:

```java
import java.sql.*;

public class BuchDaten
{
//---Static Variables---------------------------

static Connection con;
static Statement stmt;
static DatabaseMetaData dmd;
static int nextdid = 1;
static int nextfid = 1;

/**
 * Öffnet die Datenbank.
 */

public static void open()
throws Exception
{
  //Treiber laden und Connection erzeugen
  Class.forName("com.mysql.jdbc.Driver");
 con = DriverMan-
        ager.getConnection("jdbc:mysql://localhost/b
        uchladen", "root", "");

  //Metadaten ausgeben
  dmd = con.getMetaData();
  System.out.println("");
  System.out.println("Connection URL: " +
        dmd.getURL());
  System.out.println("Driver Name: " +
        dmd.getDriverName());
  System.out.println("Driver Version: " +
        dmd.getDriverVersion());
  System.out.println("");
  //Statementobjekte erzeugen
```

```java
  stmt = con.createStatement();
}

/**
 * Legt die Tabellen an.
 */
/**
 * Gibt den Inhalt der Tabelle buchdaten wider.
 */
public static void showContent()
throws SQLException
{
  ResultSet rs = stmt.executeQuery("SELECT * FROM
        buchdaten");
  if (!rs.next()) {
    throw new SQLException("SELECT *: no result");
  }
  while (rs.next()) {
  System.out.println("ID: " + rs.getInt(1));
  System.out.println("Buch-ID: " + rs.getInt(2));
  System.out.println("ISBN: " + rs.getInt(3));
  System.out.println("Buch-Titel:" +
        rs.getString(4));}
}

/**
 * Schließt die Datenbank.
 */
public static void close()
throws SQLException
{
  stmt.close();
  con.close();
}
//---main-------------------------------------
        --------
public static void main(String args[])
{
  try {
    open();
    showContent();
    close();

  } catch (SQLException e) {
   while (e != null) {
   System.err.println(e.toString());
```

```
    System.err.println("SQL-State: " +
        e.getSQLState());
    System.err.println("ErrorCode: " +
        e.getErrorCode());
    e = e.getNextException();
    }
    System.exit(1);
    } catch (Exception e) {
      System.err.println(e.toString());
      System.exit(1);
      }
    }
}
```

*Listing 2: Das Rahmenprogramm der Datenbank Buch-Laden*

In der **main**-Methode gibt es eine Fehlerbehandlung, bei der die Ausnahmen des Typs **SQLException** und **Exception** getrennt behandelt werden. Dies ist nicht unbedingt notwendig, ist hier jedoch beibehalten worden.

Insgesamt kann man folgendes Zusammenspiel der beteiligten Klassen feststellen:

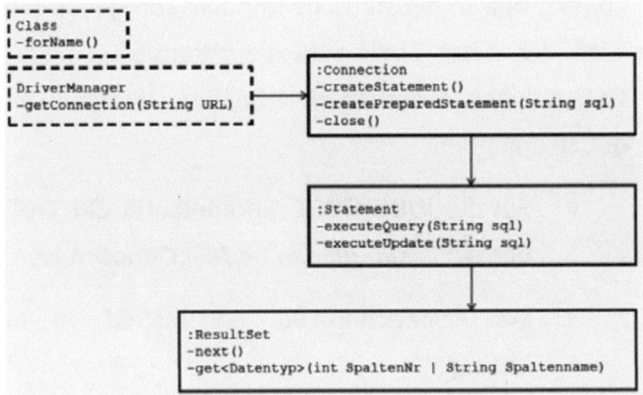

*Abbildung 5: Verwendete Klassen bei Projekt „BuchLaden"*

Dabei geht es darum die Klassen so wie sie vorgegeben sind zu verwenden. Dies wurde in Kapitel 3.1-3.5 beschrieben. Dabei ergibt sich ein Zusammenspiel wie in Abbildung 5 gezeigt. Es geht sicherlich einfacher und die Ansätze für JDBC 3.0 und JDBC 4.0 zeigen hier sinnvoll Vereinfachungen im Umgang mit JDBC (siehe [JDBC02]).

### 3.6.3 Die Verbindung zur Datenbank herstellen

Beim Öffnen der Datenbank wird zunächst mit Class.forName der passende Datenbanktreiber geladen und beim Treibermanager registriert. Anschließend besorgt das Programm ein Connection-

Objekt, das an die statische Variable con gebunden wird. An dieser Stelle sind die potentiellen Code-Unterschiede zwischen den beiden Datenbanken gut zu erkennen:

- Für die JDBC-ODBC-Bridge lautet der Treibername: ***sun.jdbc.odbc.JdbcOdbcDriver.***

- Der Connection-URL bei MySQL ist in Listing 2
  ***jdbc:mysql://localhost/buchladen***, gefolgt vom Namen einer Property-Datei, die zusätzliche Konfigurationsangaben enthält. Bei der JDBC-ODBC-Bridge beginnt der URL immer mit "jdbc:odbc", gefolgt vom Namen der ODBC-Datenquelle. Wir geben lediglich den Connection-String und Versionsinformationen zu den geladenen Treibern aus. DatabaseMetaData besitzt darüber hinaus noch viele weitere Variablen und Methoden, auf die wir hier nicht näher eingehen wollen. Am Ende von ***open*** erzeugt das Programm zwei Statement-Objekte stmt, die in den übrigen Methoden zum Ausführen der SQL-Befehle verwendet werden. Zum Schließen der Datenbank werden zunächst die beiden Statement-

Objekte und dann die Verbindung selbst geschlossen.

### 3.6.4 Systemvoraussetzungen

Um tatsächlich eine Verbindung zu einer der drei angegebenen Datenbanken herstellen zu können, müssen auf Systemebene die nötigen Voraussetzungen dafür geschaffen werden:

- Soll auf eine ODBC-Datenquelle zugegriffen werden, muss diese unter Windows-Systemsteuerung mit Hilfe des Menüpunkts »ODBC-Datenquellen« zunächst eingerichtet werden. Dies soll hier nicht weiter beleuchtet werden.

- MySQL wird wie eine reine Java-Datenbank, die ohne separat zu installierende Treiber betrieben. Üblicherweise muss lediglich das zugehörige jar-Archiv in den **CLASSPATH** aufgenommen werden, damit ein Java-Programm darauf zugreifen kann. MySQL ist nach wie vor frei verfügbar, es gibt jedoch bereits eine Unternehmen MySQL, welches das Produkt professionell vertreibt (siehe [MySQL01])

### 3.6.5 Anlegen und Füllen der Tabellen

Unsere Anwendung geht davon aus, dass die Datenbank und die Tabelle bereits angelegt sind. Das Anlegen der Datenbank und der Tabelle kann in den Kapiteln 5 und 6 nachgelesen werden.

**Aufgabe:**

Schreiben Sie ein Programm, welches eine Tabelle „BuchDaten" löscht und anschließend anlegt. Bevor „BuchDaten" gelöscht wird, sollen die Daten in einem File zwischengespeichert werden, um anschließend wieder in die neu erstellte Tabelle „Buch Daten" gespeichert zu werden.

# 4 Metadaten und Transaktionen

In diesem Abschnitt sollen die Themen Metadaten und Transaktionen beleuchtet werden.

## 4.1 Metadaten

Neben den Datenbankmetadaten gibt es die Methode *getMetaData* der Klasse *ResultSet*:

```
ResultSetMetaData getMetaData()    java.sql.ResultSet
```

Sie liefert ein Objekt vom Typ *ResultSetMetaData*, das Meta-Informationen über die Ergebnismenge zur Verfügung stellt. Wichtige Methoden sind:

```
int getColumnCount()         java.sql.ResultSetMetaData

String getColumnName(int
        column)

String getTableName(int
        column)

int getColumnType(int
        column)
```

Mit *getColumnCount* kann die Anzahl der Spalten in der Ergebnismenge abgefragt werden. *getColumnName* und *getTableName* liefern den Namen der Spalte bzw. den Namen der Tabelle, zu der diese Spalte in der Ergebnismenge gehört, wenn man ihren numerischen Index angibt. Mit *getColumnType* kann der Datentyp einer Spalte abgefragt werden. Als Ergebnis wird eine der statischen Konstanten aus der Klasse *java.sql.Types* zurückgegeben.

## 4.2 Transaktionen

Die drei Methoden **commit**, **rollback** und **setAutoCommit** des **Connection**-Objekts steuern das Transaktionsverhalten der Datenbank:

```
void commit()                          java.sql.Connection
void rollback()
void setAutoCommit(boolean auto-
        Commit)
```

Nach dem Aufbauen einer JDBC-Verbindung ist die Datenbank (gemäß JDBC-Spezifikation) zunächst im *Auto-Commit-Modus*. Dabei gilt jede einzelne Anweisung als separate Transaktion, die nach Ende des Kommandos automatisch bestätigt wird. Durch Aufruf von **setAutoCommit** und Übergabe von *false* kann das geändert werden. Danach müssen alle Transaktionen explizit durch Aufruf von **commit** bestätigt bzw. durch **rollback** zurückgesetzt werden. Nach dem Abschluß einer Transaktion beginnt automatisch die nächste.

Wichtig ist auch der *Transaction Isolation Level*, mit dem der Grad der Parallelität von Datenbanktransaktionen gesteuert wird. Je höher der Level, desto weniger Konsistenzprobleme können durch gleichzeitigen Zugriff mehrerer Transaktionen auf dieselben Daten entstehen. Um so geringer ist aber auch der Durchsatz bei einer großen Anzahl von gleichzeitigen Zugriffen. Transaction Isolation Levels werden von der Datenbank üblicherweise mit Hilfe von gemeinsamen und exklusiven Sperren realisiert. JDBC unterstützt die folgenden Levels:

- Connection.TRANSACTION_NONE
- Connection.TRANSACTION_READ_UNCOMMITTED
- Connection.TRANSACTION_READ_COMMITTED
- Connection.TRANSACTION_REPEATABLE_READ
- Connection.TRANSACTION_SERIALIZABLE

Mit Hilfe der beiden Methoden *getTransactionIsolation* und *setTransactionIsolation* des *Connection*-Objekts kann der aktuelle Transaction Isolation Level abgefragt bzw. verändert werden:

```
int getTransactionIsolation()     java.sql.Connection
void setTransactionIsolation(int
      level)
```

Mit der Methode *supportsTransactionIsolationLevel* des *DatabaseMetaData*-Objekts kann abgefragt werden, ob eine Datenbank einen bestimmten Transaction Isolation Level unterstützt oder nicht.

# 5 Basisadministration von MySQL

## 5.1 XAMPP und phpMyAdmin

Es ist notwendig nach der Installation von MySQL z.B. eine Datenbank **BuchLaden** anzulegen und anschließend z.B. eine Tabelle **BuchDaten** anzulegen. Dies kann entweder direkt auf einer Konsole, dem sogenannten MySQL Client durchgeführt werden (siehe 5.2).

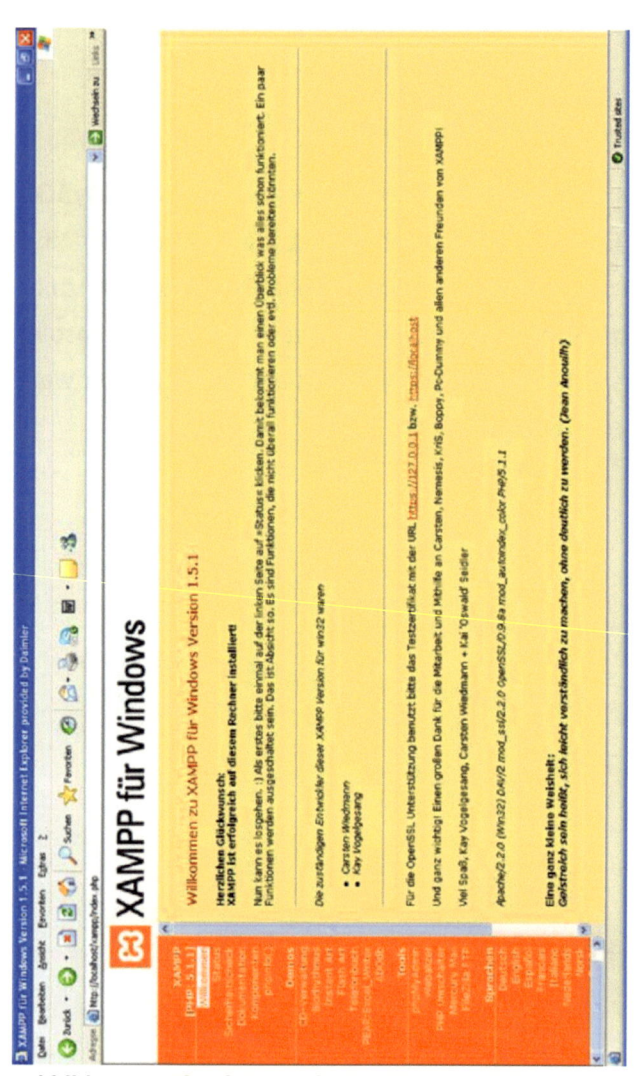

*Abbildung 6: Einstiegsmaske XAMPP, [XAMP01]*

Sollte eine GUI bevorzugt werden, dann empfiehlt es sich entweder ein UI von MySQL oder einem der vielen anderen Anbieter zu verwenden. Oder es wird ein UI von XAMPP verwendet (siehe Abbildung 6). Dort sind zwar noch die Admin-Tools weiterer XAMPP-Werkzeuge untergebracht, aber dennoch ist die Oberflächengestaltung recht unkompliziert gestaltet. Weitere MySQL-Tools mit einer grafischen Oberfläche, wie z.B. MySQL Administrator oder MySQL Query Browser, finden Sie im Internet unter: http://www.mysql.com/products/ „Datenbanken werden in MySQL standardmäßig unter dem Verzeichnis data im Installationsverzeichnis als weiteres Unterverzeichnis erstellt. Nach der Installation finden Sie darin bereits die leere Datenbank test sowie die Datenbank mysql, welche die Systemtabellen verwaltet. Damit Sie später einige Testdaten erstellen können, wird im Folgenden eine neue Datenbank Verwaltung erstellt, in der später Tabellen eingefügt und diese mit einigen Daten gefüllt werden können" [TUHagen01].

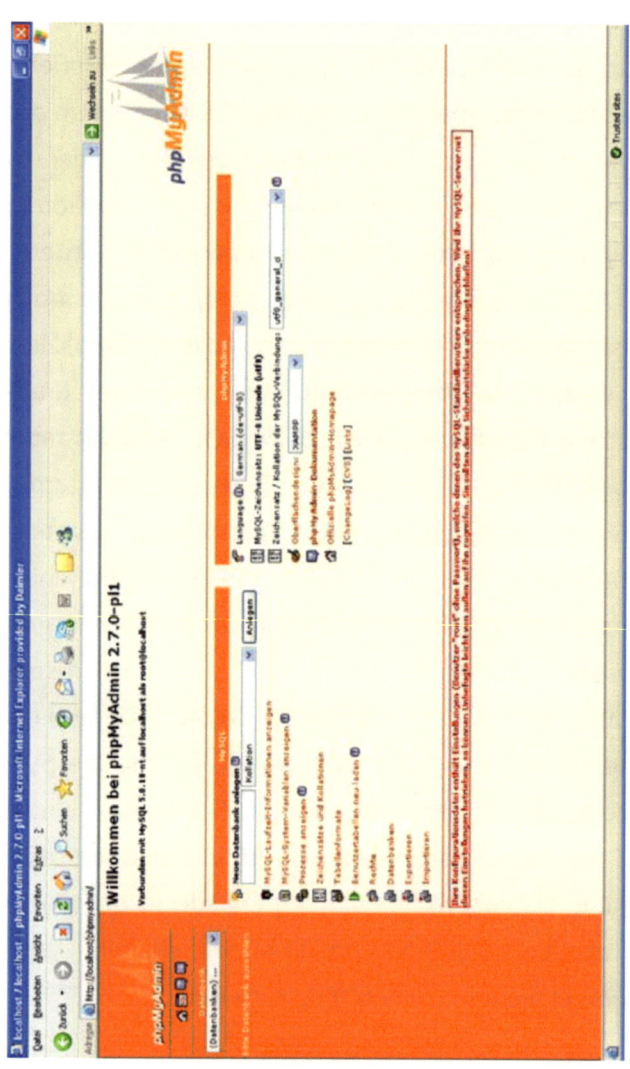

*Abbildung 7: Zugriff auf MySQL Datenbank über XAMPP, [XAMP01]*

In der Abbildung 7 ist aus der XAMPP Oberfläche noch die Einstiegsmaske *phpMyAdmin* abgebildet. Dort finden recht viele Funktionen, um mit MySQL einige Einstellungen vornehmen zu können.

Im Folgenden soll die Arbeit mit der Konsole (MySQL Client) etwas klarer gemacht werden.

## 5.2 Der MySQL-Client

Im folgenden Kapitel sind einige der grundlegendsten Befehle zusammengestellt. Dieses Kapitel ist **nicht** als Ersatz für eine gründliche Arbeit mit den entsprechenden Dokumenten zu MySQL gedacht. Diese sollte und muss durchgeführt werden. Hier geht es vielmehr darum, für die Erstellung einer Datenbank *BuchLaden* die benötigten Befehle vorzustellen. Die notwendige Lektüre finden Sie z.B. unter [MySQL04].

### 5.2.1 Anmeldung an MySQL-Client

Um Verbindung mit einem MySQL-Server aufzunehmen, benötigt man den MySQL-Client, den man durch folgenden Aufruf startet.

```
mysql –h host –u user –p
Enter passworde: ********************
```

Oder häufig ist auch folgendes möglich, vorausgesetzt das das System entsprechend konfiguriert wurde (siehe [XAMP01]).

mysql -u root

D.h. es wird keinerlei Passwort eingegeben. Dies sollte bei der Entwicklung eines Projektes sofort geändert werden. Jedoch ist dies für den folgenden Abschnitt belanglos.

Wenn dies funktioniert, sollte man in etwa folgendes sehen:

Welcome to the MySQL monitor.  Commands end with ;
    or \g.
Your MySQL connection id is 2 to server version: 5.0.18-
    nt

Type 'help;' or '\h' for help. Type '\c' to clear the buffer.
mysql>

Nun können Befehle eingeben werden.

**Hinweis 1**: Manche MySQL Installationen erlauben es, dass man sich als anonymer Bentuer auf dem Server über localhost anmelden kann. In diesem Fall kann nur:

*Mysql* eingeben werden.

**Hinweis 2**: Um MySQL wieder zu verlassen und die Verbindung zum Server zu beenden gibt *QUIT* beim mysql-Prompt ein.

Die Verbindung kann auch durch die Tastenkombination STRG-D (Linux) oder STRG-C (Windows) beendet werden. Natürlich können auch mehrzeilige Befehle an das System abgesetzt werden.

**Hinweis 3**: Alle Kommandos müssen mit „;" beendet werden. Wird das Semikolon vergessen, dann wird mit „->" eine weitere Zeile dieser Eingabe zugeordnet. D.h. hier kann die Zeile mit dem „;" beendet werden.

### 5.2.2 Anzeigen von Datenbanken

Soll auf die Datenbank zugegriffen werden, dann wird der **SHOW DATABASES** Befehl verwendet, um die vorhandenen MySQL Datenbanken auf dem MySQL Server anzuzeigen.

```
mysql> show databases;
+--------------------+
| Database           |
+--------------------+
| test               |
+--------------------+
6 rows in set (0.00 sec)
```

*Listing 3: Anzeigen von Datenbanken*

Eine Datenbank BuchLaden ist nicht vorhanden. Diese muss erst noch angelegt werden (siehe ...)

### 5.2.3 Verwendung einer Datenbank

Um auf eine Datenbank zuzugreifen / zu wechseln, benutzt man den Befehl **USE <DATABASE>**

Um auf die Datenbank **BuchLaden** zuzugreifen verwendet man nun:

```
mysql> use buchladen;
Database changed
```

*Listing 4: Verwendung einer Datenbank*

Nun schaut man sich die Tabellen der Datenbank **BuchLaden** mit **SHOW TABLES** an.

```
mysql> show tables;
+---------------------+
| Tables_in_buchladen |
+---------------------+
| buchdaten           |
+---------------------+
1 row in set (0.00 sec)
```

*Listing 5: Anzeigen der Tabellen in der Datenbank „BuchLaden"*

Wenn Sie mehr über den Aufbau der Tabelle **BuchDaten** wissen möchten, dann verwenden Sie den Befehl **DESCRIBE <TABLE>**.

```
mysql> describe buchdaten;
+-----------+----------+------+-----+---------+----------------+
| Field     | Type     | Null | Key | Default | Extra          |
+-----------+----------+------+-----+---------+----------------+
```

```
| id       | int(4)  | NO  | PRI | NULL | auto_increment |
| buch_id  | int(11) | YES |     | NULL |                |
| isbn     | char(50)| YES |     | NULL |                |
| Buchtitel| char(50)| YES |     | NULL |                |
| Jahr     | int(11) | YES |     | NULL |                |
| Kategorie| int(11) | YES |     | NULL |                |
+----------+---------+-----+-----+------+----------------+
6 rows in set (0.02 sec)
```

*Listing 6: Aufbau der Tabelle BuchDaten*

### 5.2.4 Erstellen einer Datenbank

Um eine Datenbank zu erstellen wird der Befehl **CREATE DATABASE** verwendet.

```
mysql> create database buchladen;
Query OK, 1 row affected (0.03 sec)
```

*Listing 7: Erstellen einer Datenbank*

Anschließend kann mit **SHOW DATABASES** nochmals überprüft werden, ob die Datenbank auch tatsächlich angelegt wurde.

```
mysql> show databases;
+--------------------+
| Database           |
+--------------------+
| buchladen          |
+--------------------+
| test               |
+--------------------+
7 rows in set (0.01 sec)
```

Um auf die Datenbank **BuchLaden** zuzugreifen verwendet man nun:

```
mysql> use buchladen;
Database changed
```

Danach können auch weiterhin die Kommandos der MySQL Administration verwendet werden. Jedoch befindet man sich sozusagen innerhalb der Datenbank BuchLaden und hier ist die Verwendung anderer Kommandos sinnvoll. Diese sollten hier nicht näher behandelt werden. Für das Bearbeiten von Tabellen,...sei auf Kapitel 6 verwiesen. Das Anlegen einer Tabelle soll hier exemplarisch durchgeführt werden.

```
mysql> CREATE TABLE BuchDaten (
    ->      id INT(4) NOT NULL AUTO_INCREMENT
             PRIMARY KEY,
    ->      buch_id int,
    ->      isbn CHAR(50),
    ->      Buchtitel CHAR(50),
    ->      Jahr int,
    ->      Kategorie int
    -> );
Query OK, 0 rows affected (0.03 sec)
```

*Listing 8: Erzeugen einer Tabelle*

Zugrundegelegt wird die folgende Tabelle, bei welcher im wesentlichen Integers und Strings verwendet werden (siehe Tabelle 2: Die Struktur der Tabelle BuchDaten).

```
CREATE TABLE BuchDaten (
id INT(4) NOT NULL AUTO_INCREMENT PRI-
      MARY KEY, buch_id int,
isbn CHAR(50),
Buchtitel CHAR(50),
Jahr int,
Kategorie int
);
```

Es geht dabei nicht darum die Sinnhaftigkeit vollumfänglich zu ergründen. Denn für eine einfache Datenanwendung – anhand der die JDBC Anbindung ausgetestet werden kann – reicht die Datenbank **BuchLaden** mit der Tabelle **BuchDaten** vollständig aus.

### 5.2.5 Löschen von Datenbanken

Das Löschen von Datenbanken kann man mit **DROP DATABASE** (DROP DATABASE [IF EXISTS] db_name erreichen.

Zum Anlegen, Verändern oder Löschen von Daten in Tabellen sei auf das Kapitel 6 verwiesen.

```
mysql> drop database buchladen;
Query OK, 1 row affected (0.01 sec)

mysql> show databases;
+---------------------+
| Database            |
+---------------------+
| test                |
+---------------------+
```

| 6 rows in set (0.00 sec) |
|---|

*Listing 9: Löschen einer Datenbank*

## 5.3 SQL-Skripte verwenden

Zum automatisierten Erstellen, Ändern oder Entfernen von Datenbanken oder Teilen davon können SQL-Skripte eingesetzt werden. Dies sind Textdateien, die SQL-Kommandos enthalten und an das Tool mysql übergeben werden können.

Um beispielsweise alle bisherigen Kommandos in einem SQL-Skript zu vereinen, kann die folgende Textdatei **ErzeugeBuchladen.sql** erstellt (und lokal auf dem Rechner gespeichert) werden. Die Endung *.sql ist nicht zwingend vorgeschrieben.

*CREATE DATABASE BuchLaden;*

*USE BuchLaden;*

*CREATE TABLE BuchDaten (...);*

Um das Skript auszuführen, muss gegebenenfalls noch der Benutzername und das Passwort angeben werden. Damit sind folgende Aufrufe möglich:

```
mysql -e –u root "SOURCE [InstallDir]ErzeugeBuchladen2.sql"
mysql -e "SOURCE [Verzeichnis des SQL-
        Skript]ErzeugeBuchladen2.sql"
mysql -e –u root –p admin "SOURCE [Install-
        Dir]ErzeugeBuchladen2.sql"
```

**Hinweis:** Über Batch-Dateien können Sie die Skripte ausführen und auf diese Weise automatisiert ganze Datenbanken erzeugen. Dies ist z.B. dann nützlich, wenn Sie in einer Testumgebung immer mit den gleichen Ausgangsdaten arbeiten wollen.

**Aufgabe:**

Erstellen Sie zwei SQL-Skripte, die einmal die Datenbank **BuchLaden2** und die Tabelle **BuchDaten** erzeugen und beide wiederum entfernen. Überlegen Sie, wie viele Anweisungen Sie zum Entfernen der Datenbank benötigen. Überprüfen Sie die Funktionsweise der Skripte.

**Lösung**

Das SQL-Skript BuchLaden2.sql:
CREATE DATABASE BuchLaden2;
USE BuchDaten;
CREATE TABLE BuchDaten(…);
Das SQL-Skript LoescheBuchLaden2.sql:

DROP DATABASE BuchLaden2;

# 6 SQL-Kurzreferenz

Dieser Abschnitt gibt eine kurze Übersicht der gebräuchlichsten SQL-Anweisungen in ihren grundlegenden Ausprägungen. Er ersetzt weder ein Tutorial noch eine Referenz und ist zu keinem der bekannten SQL-Standards vollständig kompatibel. Trotzdem mag er für einfache Experimente nützlich sein und helfen, die ersten JDBC-Anbindungen zum Laufen zu bringen. Für "ernsthafte" Datenbankanwendungen sollte zusätzliche Literatur konsultiert und dabei insbesondere auf die Spezialitäten der verwendeten Datenbank geachtet werden.

Die nachfolgenden Syntaxbeschreibungen sind an die bei SQL-Anweisungen übliche Backus-Naur-Form angelehnt:

- Terminalsymbole (Schlüsselwörter) sind großgeschrieben.

- Weitere Terminalsymbole sind die runden Klammern, das Komma und die in den Suchausdrücken verwendeten Operatoren.

- Nichtterminalsymbole sind kursiv geschrieben.

- Optionale Teile stehen in eckigen Klammern.
- Der senkrechte Strich trennt Alternativen. Stehen sie in eckigen Klammern, können sie auch ganz weggelassen werden. Stehen sie in geschweiften Klammern, muß genau eine der Alternativen verwendet werden.
- Drei Punkte zeigen an, daß die davorstehende Anweisungsfolge wiederholt werden kann.

## 6.1 Ändern von Datenstrukturen

Mit **CREATE TABLE** kann eine neue Tabelle angelegt werden. Mit **DROP TABLE** kann sie gelöscht und mit **ALTER TABLE** ihre Struktur geändert werden. Mit **CREATE INDEX** kann ein neuer Index angelegt, mit **DROP INDEX** wieder gelöscht werden.

```
CREATE TABLE TabName
  (ColName DataType [DEFAULT ConstExpr]
  [ColName DataType [DEFAULT ConstExpr]]...)

ALTER TABLE TabName
  ADD (ColName DataType
      [ColName DataType]...)

CREATE [UNIQUE] INDEX IndexName
  ON TabName
  (ColName [ASC|DESC]
  [, ColName [ASC|DESC]]...)
```

```
DROP TABLE TabName
DROP INDEX IndexName
```

*TabName*, *ColName* und *IndexName* sind SQL-Bezeichner. *ConstExpr* ist ein konstanter Ausdruck, der einen Standardwert für eine Spalte vorgibt. *DataType* gibt den Datentyp der Spalte an, die gebräuchlichsten von ihnen können Tabelle 3: *SQL-Datentypen* entnommen werden.

| Bezeichnung | Bedeutung |
|---|---|
| CHAR(n) | Zeichenkette der (festen) Länge $n$. |
| VARCHAR(n) | Zeichenkette variabler Länge mit max. $n$ Zeichen. |
| SMALLINT | 16-Bit-Ganzzahl mit Vorzeichen. |
| INTEGER | 32-Bit-Ganzzahl mit Vorzeichen. |
| REAL | Fließkommazahl mit etwa 7 signifikanten Stellen. |
| FLOAT | Fließkommazahl mit etwa 15 signifikanten Stellen. Auch als DOUBLE oder DOUBLE PRECISION bezeichnet. |
| DECIMAL(n,m) | Festkommazahl mit $n$ Stellen, davon $m$ Nachkommastellen. Ähnlich NUMERIC. |
| DATE | Datum (evtl. mit Uhrzeit). Verwandte Typen sind TIME und TIMESTAMP. |

*Tabelle 3: SQL-Datentypen*

## 6.2 Ändern von Daten

Ein neuer Datensatz kann mit **INSERT INTO** angelegt werden. Soll ein bestehender Datensatz geändert werden, ist dazu **UPDATE** zu verwenden. Mit **DELETE FROM** kann er gelöscht werden.

```
INSERT INTO TabName
  [( ColName [,ColName] )]
  VALUES (Expr [,Expr]...)

UPDATE TabName
  SET ColName = {Expr|NULL}
    [,ColName = {Expr|NULL}]...
  [WHERE SearchCond]

DELETE FROM TabName
  [WHERE SearchCond]
```

*TabName* und *ColName* sind die Bezeichner der gewünschten Tabelle bzw. Spalte. *Expr* kann eine literale Konstante oder ein passender Ausdruck sein. *SearchCond* ist eine Suchbedingung, mit der angegeben wird, auf welche Sätze die **UPDATE**- oder **DELETE FROM**-Anweisung angewendet werden soll. Wird sie ausgelassen, wirken die Änderungen auf alle Sätze. Wir kommen im nächsten Abschnitt auf die Syntax der Suchbedingung zurück. Wird bei der **INSERT INTO**-Anweisung die optionale Feldliste ausgelassen, müssen Ausdrücke für *alle* Felder angegeben werden.

## 6.3 Lesen von Daten

Das Lesen von Daten erfolgt mit der **SELECT**-Anweisung. Ihre festen Bestandteile sind die Liste der Spalten *ColList* und die Liste der Tabellen, die in der Abfrage verwendet werden sollen. Daneben gibt es eine Reihe von optionalen Bestandteilen:

```
SELECT [ALL|DISTINCT] ColList
  FROM  TabName [,TabName]...
  [WHERE  SearchCond]
  [GROUP BY ColName [,ColName]...]
  [HAVING SearchCond]
  [UNION SubQuery]
  [ORDER BY ColName [ASC|DESC]
           [,ColName [ASC|DESC]]...]
```

Die Spaltenliste kann entweder einzelne Felder aufzählen, oder es können durch Angabe eines Sternchens "*" alle Spalten angegeben werden. Wurde mehr als eine Tabelle angegeben und sind die Spaltennamen nicht eindeutig, kann ein Spaltenname durch Voranstellen des Tabellennamens und eines Punkts qualifiziert werden. Zusätzlich können die Spaltennamen mit dem Schlüsselwort "AS" ein (möglicherweise handlicheres) Synonym erhalten. Die Syntax von *ColList* ist:

```
ColExpr [AS ResultName]
[,ColExpr AS ResultName]]...
```

Zusätzlich gibt es einige numerische Aggregatfunktionen, mit denen der Wert der als Argument angegebenen Spalte über alle Sätze der Ergebnismenge kumuliert werden kann (siehe Tabelle 4)

| Bezeichnung | Bedeutung |
|---|---|
| COUNT | Anzahl der Sätze |
| AVG | Durchschnitt |
| SUM | Summe |
| MIN | Kleinster Wert |
| MAX | Größter Wert |

*Tabelle 4: SQL-Aggregatfunktionen*

Die **WHERE**-Klausel definiert die Suchbedingung. Wurde sie nicht angegeben, liefert die Anweisung alle vorhandenen Sätze. Der Suchausdruck *Search-Cond* kann sehr unterschiedliche Formen annehmen. Zunächst kann eine Spalte mit Hilfe der relationalen Operatoren <, <=, >, >=, = und <> mit einer anderen Spalte oder einem Ausdruck verglichen werden. Die Teilausdrücke können mit den logischen Operatoren **AND, OR** und **NOT** verknüpft werden, die Auswertungsreihenfolge kann in der üblichen Weise durch Klammerung gesteuert werden.

Mit Hilfe des Schlüsselworts **LIKE** kann eine Ähnlichkeitssuche durchgeführt werden:

```
Expr LIKE Pattern
```

Mit Hilfe der Wildcards "%" und "_" können auch unscharf definierte Begriffe gesucht werden. Jedes Vorkommen von "%" paßt auf eine beliebige Anzahl beliebiger Zeichen, jedes "_" steht für genau ein beliebiges Zeichen. Manche Datenbanken unterscheiden zwischen Groß- und Kleinschreibung, andere nicht.

Mit Hilfe der Klauseln *IS NULL* und *IS NOT NULL* kann getestet werden, ob der Inhalt einer Spalte den Wert *NULL* enthält oder nicht:

```
ColName IS [NOT] NULL
```

Mit dem BETWEEN-Operator kann bequem festgestellt werden, ob ein Ausdruck innerhalb eines vorgegebenen Wertebereichs liegt oder nicht:

```
Expr BETWEEN Expr AND Expr
```

Neben den einfachen Abfragen gibt es eine Reihe von Abfragen, die mit *Subqueries* (Unterabfragen) arbeiten:

```
EXISTS (SubQuery)

Expr [NOT] IN (SubQuery)

Expr RelOp {ALL|ANY} (SubQuery)
```

Die Syntax von *SubQuery* entspricht der einer normalen *SELECT*-Anweisung. Sie definiert eine separat definierte Menge von Daten, die als Teilausdruck in einer Suchbedingung angegeben wird. Der

*EXISTS*-Operator testet, ob die Unterabfrage mindestens ein Element enthält. Mit dem *IN*-Operator wird getestet, ob der angegebene Ausdruck in der Ergebnismenge enthalten ist. Die Ergebnismenge kann auch literal als komma-separierte Liste von Werten angegeben werden. Schließlich kann durch Angabe eines relationalen Operators getestet werden, ob der Ausdruck zu mindestens einem (***ANY***) oder allen (***ALL***) Sätzen der Unterabfrage in der angegebenen Beziehung steht. Bei den beiden letzten Unterabfragen sollte jeweils nur eine einzige Spalte angegeben werden.

Die ***GROUP BY*-**Klausel dient dazu, die Sätze der Ergebnismenge zu Gruppen zusammenzufassen, bei denen die Werte der angegebenen Spalten gleich sind. Sie wird typischerweise zusammen mit den oben erwähnten Aggregatfunktionen verwendet. Mit ***HAVING*** kann zusätzlich eine Bedingung angegeben werden, mit der die gruppierten Ergebnissätze "nachgefiltert" werden.

Mit dem ***UNION*-**Operator können die Ergebnismengen zweier ***SELECT*-**Anweisungen zusammengefaßt werden (siehe [DB01] und [DB02]). Das wird typischerweise gemacht, wenn die gesuchten Ergebnissätze aus mehr als einer Tabelle stammen (andernfalls könnte der *OR*-Operator verwendet werden).

Die *ORDER BY*-Klausel kann angegeben werden, um die Reihenfolge der Sätze in der Ergebnismenge festzulegen. Die Sätze werden zunächst nach der ersten angegebenen Spalte sortiert, bei Wertegleichheit nach der zweiten, der dritten usw. Mit Hilfe der Schlüsselwörter *ASC* und *DESC* kann angegeben werden, ob die Werte auf- oder absteigend sortiert werden sollen.

# 7 Hibernate

Neben den Themen, die direkt mit JDBC zu tun haben, gibt es Konzepte, die neben der reinen Datenbankanbindung zusätzlich ein Framework besitzen. Eines der Aufgaben dieses Frameworks ist die Anbindung an eine über das Framework definierte Datenbank. Für weitere Literatur sei auf [Hibo2] und [Wikio2] verwiesen. Im Zusammenhang mit komponentenbasierter Programmierung ist unter [DBaumoo] beschrieben. Für einen Vergleich von Hibernate und JDBC eignet sich [Hibo1].

Hibernate ist eine **Object-Relational Mapping (ORM)** Lösung für JAVA. Es ist ein mächtige auf Perfomance getrimmte object-relationale Persistenz und Abfrage Service. Es erlaubt persistente Klassen zu entwickeln gemäß den typischen Vorgaben der Objektorientierung wie Beziehung, Vererbung und Polymorphismus.

## 7.1 Hibernate Architektur

Hibernate:

- Stellt selbstständig eine Verbindung zur Datenbank her

- Wandelt HQL (Hibernate Query Language) Statements in datenbankverständliche Statements um

- Erhalten eines **ResultSet** zur weiteren Verarbeitung in der Applikation

- Führt anschließend ein Mapping der datenbanktypischen Daten zu den Java Objekten durch, welche direkt von der Java Applikation genutzt werden.

Hibernate nutzt die Datenbank Spezifikation aus dem Hibernate Properties File. Automatisches Mapping wird durchgeführt auf der Basis der definierten „hbm" Files in einem zur Konfiguration verwendeten XML File, welches für vom Entwickler gewählte Java Objekte definiert wurde.

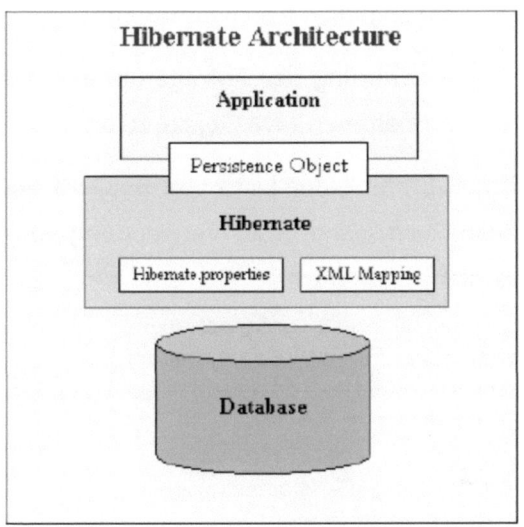

*Abbildung 8: Darstellung der Architektur von Hibernate*

## 7.2 Hibernate communication with RDBMS

Generelles Vorgehen:

- Laden des „Hibernate Configuration File" und Erzeugung eines „Configuration Objects". Dieses wird enthält automatisch alle „hbm"-Mapping Files

- Erzeugung eines sogenannten „Session Factory" aus den „Configuration Objects"

- Erhalt einer Session aus dieser „Session Factory"

- Erzeugung einer HQL Abfrage
- Ausführung der Abfrage um eine Liste der enthaltenen Java Objeke zu erhalten

Beispiel: Erhalt einer Liste von Büchern aus einer Tabelle **BuchDaten** unter Verwendung von Hibernate (siehe Listing 10).

```
/* Load the hibernate configuration file */
Configuration cfg = new Configuration();
cfg.configure(CONFIG_FILE_LOCATION);
/* Create the session factory */
SessionFactory sessionFactory =
        cfg.buildSessionFactory();
/* Retrieve the session */
Session session = sessionFactory.openSession();
/* create query */
Query query = session.createQuery("from BookBean");
/* execute query and get result in form of Java objects */
List<BookBean> finalList = query.list();
BookBean.hbm.xml File
<?xml version="1.0" encoding="utf-8" ?>
<!DOCTYPE hibernate-mapping PUBLIC
"-//Hibernate/Hibernate Mapping DTD 3.0//EN"
"http://hibernate.sourceforge.net/hibernate-mapping-
        3.0.dtd">
<hibernate-mapping>
<class name="com.mf.bean.BookBean"
table="BuchDaten">
<id name="id" type="string" unsaved-value="null">
<column name="id" sql-type="varchar(32)" not-
        null="true"/>
<generator class="uuid"/>
</id>
```

```xml
<property name="name">
<column name="name" />
</property>
<property name="isbn">
<column name="isbn" />
</property>
</class>
</hibernate-mapping>
```

*Listing 10: Abruf von Daten aus Tabelle BuchDaten*

## 7.3 Vergleich von JDBC zu Hibernate

### 7.3.1 Vorteile von Hibernate gegenüber JDBC

Die Vorteile von Hibernate sind im Folgenden stichwortartig zusammengetragen.

- Relationale Persistenzschicht für Java: Die Arbeit mit Objekt-orientierter Software und Relationalen Datenbanken (JDBC) ist kompliziert, weil häufig die Darstellung von Daten in Objekten und der Datenbank nicht zusammen passt. Daher muss im Falle der Verwendung von JDBC (ohne Hibernate) der Entwickler das Mapping des Objekt-Modells in das Datenmodell und umgekehrt, selbst bewerkstelligen. Hibernate hat dafür eine flexible und starke ORM - „Sprache", mit der solche Mappings von Java Klassen auf Datenbank Tables durchgeführt werden können. Das Mapping wird in einer XML Struktur hinterlegt und muss daher nicht vom Entwickler programmiert werden.

- Transparente Persistenz: Das automatische Mapping von Java Objekten mit Datenbank Tabellen und umgekehrt wird als „Transparente Persistenz" bezeichnet. Hibernate beherrscht die transparente Persistenz und der Entwickler muss das Mapping von Tabellen-Tupeln auf Applikations-Klassen für den Fall des Zusammenspiels der Applikation mit der Datenbank nicht programmieren.

- Unterstützung für Query Sprache: JDBC unterstützt nur reines SQL. Der Entwickler muss den einfachsten und effizientesten Weg herausfinden, um eine Datenbank anzusprechen. Hibernate liefert eine mächtige Query Sprache Hibernate Query Language (HQL), welche von der Syntax her ähnlich wie SQL aussieht und so genannte „polymorphic queries" voll unterstützt. Hibernate unterstützt ebenfalls reines SQL. Hibernate kann auch aus verschiedenen Alternativen den effizientesten Weg finden, eine Datenbank anzusprechen.

- Datenbank abhängiger Code: Applikationen, welche JDBC verwenden, um persistente Daten zu bearbeiten, haben häufig speziellen Code, um das mapping zwischen Datenbank-Feldern und Objekt-Properties zu bewerkstelligen. Hibernate liefert diese Verknüpfungen über das Mapping selbst.

- Wartungs-Kosten: Wenn JDBC verwendet wird, liegt es in der Verantwortung des Entwicklers die Daten, die sich aus dem *ResultSet* von JDBC ergeben, Properties in Java Objekten zuzuordnen. D.h. dies ist ein manueller Vorgang. Hibernate besitzt hierfür ein „Object-table mapping" und verringert dadurch den Aufwand für eben diese Zuordnung von Daten von Applikation zu Datenbank und umgekehrt.

- Performance Optimierung: Cachen von Applikations-Daten wird häufig verwendet, um den Festplattenzugriff zu verringern und die Performance zu steigern. Hibernate nutzt dafür - im Zusammenhang mit der Transparenten Persistenz - ebenfalls die Möglichkeit Daten zu cachen. Daten aus der DB werden in den Cache geschoben als Ergebnis einer Query. Hibernate erlaubt es dem Entwickler sich im Rahmen der automatischen Transparente Persistenz auf die Programmierung von Applikationscode zu konzentrieren. Bei JDBC müssen Caching,...manuell programmiert werden.

- Automatische Versionierung und "Time Stamping"
- Open-Source, Zero-Cost Product License
- Enterprise-Class Reliability and Skalierbarkeit

### 7.3.2 Nachteile von Hibernate

Die Nachteile von Hibernate sind ebenfalls stichwortartig zusammengetragen. Es ist natürlich nicht auszuschließen, dass in Zukunft einige der Nachteile durch eine Weiterentwicklung von Hibernate entkräftet werden.

- Lange Einarbeitungszeit

- Die Verwendung von Hibernate ist für bestimmte Applikation unvorteilhaft
    - Einfache Applikationen und solche, die nur eine Datenbank verwenden
    - Wenn nur Daten in Datenbank Tabellen abgelegt werden und keine weiteren SQL Abfragen durchgeführt werden
    - Es gibt keine Objekte, welche auf zwei unterschiedliche Tabellen „gemapped" werden
- Hibernate schafft eine komplexere Struktur durch weitere Layer des Frameworks
- Der Support für Hibernate im Internet ist nicht vollumfänglich
- Die Wartung von Applikationen, die Hibernate verwenden, setzt eine genaue Kenntnis von Hibernate voraus
- Für komplexere Datenstrukturen (z.B. GIS Daten) kann das Mappen von „Object-to-Table" und umgekehrt die Performance verkleinern und die Zeit für die notwendige Umwandlung vergrößern
- Hibernate erlaubt nicht alle Arten von Abfragen, die von JDBC unterstützt werden,

z.B. kann man nicht „multiple objects" (persistente Daten) in dieselbe Tabelle einfügen, wenn nur eine einzige Abfrage durchgeführt werden darf. Der Entwickler muss für den Fall für jedes Objekt eine eigene Query absetzen.

# 8 Verwendung von JDBC und XML

## 8.1 Verwendung von JDOM

Im Folgenden ist eine Klasse abgebildet, die für die Generierung von XML Daten verwendet werden kann (zu XML siehe [XML01]). Die Klasse kann ebenfalls XML Daten in eine Datenbank importieren. Als Bibliothek wird **JDOM** (siehe [JDOM01]) verwendet. Für den eigentlichen Import kann die Herangehensweise aus Listing 2 wieder verwendet werden. Die Klassen zum Speichern der Daten in der Datenbank und die Klasse zum Erzeugen von XML sind getrennt. Die Anbindung an eine Datenbank über JDBC wurde bereits in Kapitel 3 besprochen.

```java
import java.io.FileInputStream;
import java.io.FileOutputStream;
import java.io.IOException;
import java.util.Enumeration;
import java.util.*;

import org.jdom.Document;
import org.jdom.Element;
import org.jdom.JDOMException;
import org.jdom.input.SAXBuilder;
import org.jdom.output.XMLOutputter;


public class XMLGenerate {

        private int size;
        private Vector data;
```

```java
        // Export XML File
        public void DBgenerateXML() {

            // Temporäre Variablen
            int i = 0;
            String str_tmp;

            // Definitionen
            data = new Vector();
            Vector tmp_data = new Vector();

            System.out.println("XMLGenerate ->
            Daten aus DB holen: ");
            // DB Aufruf zum Auslesen von Daten
            DBConnection dbconn = new DBConnec-
            tion();
            dbconn.connect();
            data = dbconn.selectTableData_old();

            this.size = dbconn.getLastInsertID();
            dbconn.closeConnect();
            System.out.println("Daten sind aus DB
            gelesen worden: ");

            System.out.println("Oeffnen der Fens-
            ters/Tables - Anzahl: ");
            System.out.println(this.size);

            // XML Kopf generieren
            Document doc = new Document(new Ele-
            ment("buecher"));
            Element root= doc.getRootElement();

            for (int j = 1; j<size; j++) {
                // Verschachtelung eines Vectors
                    in einem Vector!!! Daher dieser
                    Weg!!!!
                    tmp_data = (Vector)data.get(j);
                    for (Enumeration
                    el=tmp_data.elements();
el.hasMoreElements(); ) {

                i++;
                // XML generieren
                /* XML Struktur, die generiert
                werden muss
                *   <buch buch_id="1" isbn="3-8266-
                0612-4">
                *     <titel>Apache Web-
```

```
              Server</titel>
            *   <jahr>2000</jahr>
            *   <kategorie>2</kategorie>
            *   </buch>
            */

            // Man kann hier auch mit tmp_data
            / Vector arbeiten
            // Es wird jedoch mit Enumeration
            gearbeitet, da weniger Fehleran-
            fällig
            Element buch = new Element
            ("buch");
            buch.setAttribute("buch-id",
            (String)el.nextElement());

            // Es wird die Enumeration verwen-
            det!!!!
            buch.setAttribute("isbn",
            (String)el.nextElement());
            root.addContent(buch);

            Element e = new Element("titel");
            e.setName("titel");

            e.addContent((String)el.nextEle-
            ment());
            buch.addContent(e);

            e = new Element("jahr");
            e.setName("jahr");

            e.addContent((String)el.nextElemen
            t());
            buch.addContent(e);

            // Die nächsten Elemente werden
            noch nicht verwendet,
            // muessen aber gelesen werden
            el.nextElement();

            try {
                    printDocumentScreen (doc);
            }
            catch (Exception error) {
                    System.out.println(error);
            }
        }
    }
}
```

```java
      try {
            printDocument (doc);
      }
      catch (Exception error) {
            System.out.println(error);
      }
      System.out.println("XMLGenerate -> XML-
Document successfully built");
   }

   // Import XML File
   public void XMLgenerateDB(FileInputStream
   io) {
     System.out.println("XMLGenerate -> JDOM
     wird vorbereitet");

     SAXBuilder builder = new SAXBuilder();
     Document doc = new Document();
     // XML File oeffnen und in XML Struktur
     im Speicher schreiben

     try {
            doc = builder.build(io);
            System.out.println("BaseURI: " +
            doc.getBaseURI());
            printDocumentScreen(builder, doc);
     }
     catch (Exception jdomerror) {
            System.out.println(jdomerror);
     }

     System.out.println("XMLGenerate -> JDOM-
     Objekt fertig!");
   }

   // Ausgabe in ein File
   public void printDocument(Document doc)
   throws IOException {
     XMLOutputter out = new XMLOutputter();
     out.output(doc, new FileOutput-
     Stream(".\\test2008.xml"));
   }
   // Ausgabe auf dem Screen
   public void printDocumentScreen(Document
   doc) throws IOException {
     System.out.println("XMLGenerate -> Aus-
     gabe eines XML: ");
     XMLOutputter out = new XMLOutputter();
     out.output(doc, System.out);
```

```java
        }

        public void printDocu-
        mentScreen(SAXBuilder sax, Document doc)
        throws IOException {

        Vector tmp_xmldata = new Vector();

        System.out.println("XMLGenerate -> Aus-
gabe der List auf der Konsole");

        // ---- Modify XML data ----
        Element root = doc.getRootElement();
        List listMainElements =
        root.getChildren("buch");
        System.out.println("Länge des files: " +
listMainElements.size());
        for( int i=0; i<listMainElements.size();
        i++ )
        {
        // Find searched element with given
        attribute:
        Element elMain = (Ele-
        ment)(listMainElements.get( i ));
        System.out.println("Conent: " + listMai-
        nElements.get( i ));
        if( null == elMain )  continue;
        String sa1 = el-
        Main.getAttributeValue("buch_id");
        String sa2 = el-
        Main.getAttributeValue("isbn");
        String s2 = elMain.getName();
        String s3 = el-
        Main.getChildText("titel");
        String s4 = elMain.getChildText("jahr");
        String s5 = el-
        Main.getChildText("kategorie");
        System.out.println("sa1: " + sa1);
        System.out.println("sa2: " + sa2);
        System.out.println("s2: " + s2);
        System.out.println("s3: " + s3);
        System.out.println("s4: " + s4);
        System.out.println("s5: " + s5);

        // Creieren des temp Vektors

        tmp_xmldata.add(elMain.getAttributeValue
        ("buch_id"));
```

```
            tmp_xmldata.add(elMain.getAttributeValue
            ("isbn"));
            tmp_xmldata.add(elMain.getChildText("ti
            tel"));
            tmp_xmldata.add(elMain.getChildText
            ("jahr"));
            tmp_xmldata.add(elMain.getChildText("ka-
            tegorie"));
        }

        System.out.println("XMLGenerate -> Daten
        in DB schreiben: ");
        // DB Aufruf zum Auslesen von Daten
        DBConnection dbconn = new DBConnection();
        Dbconn.connect();
        dbconn.insertData(tmp_xmldata);

        dbconn.closeConnect();

        System.out.println("XMLGenerate -> Ende
        der Routine XML in DB: ");
    }
}
```

*Listing 11: Generierung von XML und Import von/aus Datenbank mit jdom*

Das Listing 11 zeigt wie in etwa eine Klasse aussehen kann, um aus einer Datenbank extrahierte Daten in XML einzusetzen. Dabei wurde erneut das Beispiel der Datenbank BuchLaden aus Kapitel 3.6 verwendet.

**Hinweis:**

Anbieter wie IBM,...bieten Erweiterungen an, um möglichst einfach XML Files,...zu importieren oder zu exportieren. Daneben gibt es noch viele, weitere

Features, die durch den Einsatz dieser Pakte genutzt werden können (siehe [IBM01], [IBM02]).

## 8.2 Verwendung von DOM

Das Ziel dieses Kapitels ist es zu zeigen wie ein XML Dokument mit DOM (siehe [W3C01] und [Wiki04]) erzeugt werden kann und auch diesmal wieder mit den Daten aus einer Datenbank. Die Original Daten liegen nach Erhalt des Ergebnisses aus der Datenbank in Form eines *data* Elements vor. Die Vorgehensweise zur Erzeugung eines neuen XML Dokuments kann wie folgt durchgeführt werden.

Speicherung der Daten in einem *Document object*. Dieses Objekt wird genutzt, um aus der Datenbank extrahierte Daten zu speichern und das Ziel-Dokument aufzubauen. Es können Elemente und Attribute hinzugefügt werden. Dazu sind zwei Listing-Beispiele gegeben (siehe Listing 13 und Listing 14). Ferner ist ein Beispiel gegeben, in dem skizziert wird wie Daten mittels DOM aus einem XML File ausgelesen werden können (siehe Listing 12).

### 8.2.1 Analysieren von XML Daten

Wird ein XML File analysiert, dann können die Daten in einer *NodeList* gespeichert werden. In diesem Beispiel wird vorausgesetzt, dass ein XML File vorliegt und das Ergebnis der Analyse wieder in eine XML Struktur geschrieben wird.

```java
NodeList newNodesMap = map-
        Root.getElementsByTagName("element");
//Retrieve all rows in the old document
NodeList oldRows = da-
        taRoot.getElementsByTagName("row");
for (int i=0; i < oldRows.getLength(); i++){
  //Retrieve each row in turn
  Element thisRow = (Element)oldRows.item(i);
}
```

*Listing 12: Analysen einer XML Struktur mit DOM*

### 8.2.2 Hinzufügen von Elementen

Hinzfügen von neuen Elementen zu einem Dokument ist ein simples Erzeugen von einem neuen Element mit einem Selbstdefinierten Namen. Dieser entspricht dem Tag in der XML Struktur. Dann werden in dem Listing die passenden Daten hinzugefügt.

```java
public static void main (String args[]){
  Document mapDoc = null;
  Document dataDoc = null;
  //Create the new Document
  Document newDoc = null;
  try {
    //Create the DocumentBuilderFactory
    DocumentBuilderFactory dbfactory = Document-
        BuilderFactory.newInstance();
    //Create the DocumentBuilder
```

```java
    DocumentBuilder docbuilder = dbfac-
            tory.newDocumentBuilder();
    //Instantiate a new Document object
    dataDoc = docbuilder.newDocument();
    //Instantiate the new Document
    newDoc = docbuilder.newDocument();
    } catch (Exception e) {
  System.out.println("Problem creating document:
          "+e.getMessage());
}
...
// Call object for DataBase access to retrieve information
// And generate NodeList db_result
...
// Create the final root element with the name from the
          mapping file
Element newRootElement = new-
          Doc.createElement("BuchDaten");
Element newRow = newDoc.createElement("Buch");
for (int j=0; j < db_result.getLength(); j++) {
  // Get the mapping information for each column
  ...
  String oldField = oldEle-
          ment.getFirstChild().getNodeValue();
  // Create the new element
  Element newElement = new-
          Doc.createElement(newElementName);
  newEle-
          ment.appendChild(newDoc.createTextNode(...
          ));
  // Add the new element to the new row
  newRow.appendChild(newElement);
  }
  // Add the new row to the root
  newRootElement.appendChild(newRow);
  }
```

```
// Add the new root to the document
newDoc.appendChild(newRootElement);
}
}
```

*Listing 13: Hinzufügen von Elementen mit DOM*

Zuerst wird ein neues Dokument erzeugt, dann wird ein neues **Root**-Element erzeugt, welches einen entsprechenden Namen **BuchDaten** erhält. Anschließend wird ein Element **Buch** erzeugt, in welches die Daten des Buchs eingetragen werden sollen.

Die Daten der Datenbank werden über eine JDBC Anbindung aus der Datenbank ausgelesen und dann in einer **NodeList** abgespeichert. Der Aufbau der Klasse, die für die JDBC Anbindung verantwortlich ist, wird hier nicht mehr abgebildet, da die Grundlagen in Kapitel 3 gelegt wurden.

In einer Schleife werden aus der **NodeList** die einzelnen Einträge für die XML-Elemente ausgelesen und dort entsprechend eingetragen (dick hervorgehoben).

### 8.2.3 Hinzufügen von Attributen

In diesem Kapitel soll skizziert werden, wie ein Attribut zu einer XML Struktur hinzugefügt werden kann. Für eine genauere Betrachtung sei auf [W3C01] verwiesen. In dem Beispiel in Listing 14 werden die Attribute mittels JDBC Anbindung aus der Datenbank gelesen und dann die einzelnen Attribute in einer **NodeList** gespeichert. Die verwendete Klasse, welche die JDBC Anbindung realisiert, wird hier nicht mehr aufgeführt, da das Vorgehen dem aus Kapitel 3 entspricht. Anschließend werden in den wenigen Zeilen Code die Liste durch iteriert, die Attribute gelesen und in das XML eingefügt.

```
Element newElement = new-
        Doc.createElement(newElementName);
newEle-
        ment.appendChild(newDoc.createTextNode(oldValue));
//Retrieve list of new elements
NodeList newAttributes ;
// Retrieve attributes from database
...
for (int k=0; k < newAttributes.getLength(); k++) {
//For each new attribute generate newAttributeName
        and oldAttributeValue
// from retrieval result of database
...
//Create the new attribute
newElement.setAttribute(newAttributeName, oldAttributeValue);
}
//Add the element to the new row
newRow.appendChild(newElement);
}
//Add the new row to the root
```

```
newRootElement.appendChild(newRow);
```
*Listing 14: Hinzufügen von Attributen mit DOM*

Das in dem Beispiel erzeugte XML File kann nun in einer anderen Applikation verwendet werden oder transformiert werden, indem zum Beispiel XSLT verwendet wird (siehe dazu [Hille01]).

## 9 Nützliche Quellen

- Spezifikation zu JDBC
  http://java.sun.com/javase/technologies/database/index.jsp
- Sun's JDBC Site
  http://java.sun.com/products/jdbc/
- JDBC Tutorial
  http://java.sun.com/docs/books/tutorial/jdbc/
- Liste von verfügbaren JDBC Treibern
  http://industry.java.sun.com/products/jdbc/drivers/
- API für *java.sql*
  http://java.sun.com/j2se/1.5.0/docs/api/java/sql/package-summary.html
- JDBC Treiber für MySQL
  *http://dev.mysql.com/downloads/connector/j/3.1.htm*
- JDBC-Kurzanleitung
  http://www.vsite.de/kurz/jdbc.pdf
- JDBC-Tutorial
  http://java.sun.com/docs/books/tutorial/jdbc/index.html
- Galileo openbook -Java ist auch eine Insel (Kapitel JDBC)

<http://openbook.galileocomputing.de/javainsel7/>

- Online-Buch zu Java (JDBC)
  
  *<http://www.javabuch.de/>*

## 10 Anhang

### 10.1 Abkürzungen

| | |
|---|---|
| JCP | Java Community Process |
| JDBC | Java Database Connectivity |
| JDK | Java Development Kit |
| JVM | Java Virtual Machine |
| JWS | Java WebStart |
| HQL | Hibernate Query Language |
| ORM | Object-Relational Mapping |
| SQL | Structured Query Language |
| UI | User Interface |

## 10.2 Literatur- und Quellenverzeichnis

| | |
|---|---|
| [BDaum00] | Rich-Client-Entwicklung mit Eclipse 3.2, Anwendungen entwickeln mit der Rich Client Platform, 2. aktualisierte Auflage, dpunkt.verlag, ISBN: 978-3-89864-427-3 |
| [Clieber01] | JDBC Homepage, http://clieber.de/index.php?id=4, aufgerufen am 10.12.2008 |
| [DB01] | Einführung Datenbanken, http://de.wikipedia.org/wiki/Relationale_Datenbank, aufgerufen am 01.11.2008 |
| [DB02] | Relationale Algebra, http://de.wikipedia.org/wiki/Relationale_Algebra, aufgerufen am 01.11.2008 |
| [GKöster07] | Datenbankentwurf & Datenbankzugriff mit JDBC, Georg Köster und Sven Wagner-Boysen, Hasso-Plattner Institutut, 2007 |
| [Hib01] | Hibernate und JDBC, Hibernate Vs JDBC, Dipti Phutela, Mindfire Solutions, www.mindfiresolutions.com |
| [Hib02] | http://www.hibernate.org/, aufgerufen am 05.12.2008 |

| | |
|---|---|
| [Hille01] | Java und XML, Conference Northfolk 2005, pdf: java-and-xml-pdf |
| [IBM01] | http://www-01.ibm.com/software/data/db2/9/, aufgerufen am 15.12.2008 |
| [IBM02] | Beschreibung/Einsatz von XML bei IBM UDB, http://www.ordix.de/ORDIXNews/2_2008/Datenbanken/tos_db2_t6.html, aufgerufen am 15.12.2008 |
| [JDBC01] | JDBC Homepage, http://java.sun.com/javase/technologies/database/index.jsp, aufgerufen am 10.12.2008 |
| [JDBC02] | JDBC Versionen, http://java.sun.com/products/jdbc/download.html, aufgerufen am 15.12.2008 |
| [JDBC03] | JDBC Beispiele, http://java.sun.com/products/jdbc/reference/codesamples/index.html, aufgerufen am 15.12.2008 |
| [JDOM01] | http://de.wikipedia.org/wiki/JDOM, aufgerufen am 20.12.2008 |
| [MHall07] | DataBase Access with JDBC, Marty Hall 2007, Customized |

| | |
|---|---|
| | J2EE Training: http://courses.coreservlets.com/ |
| [MySQL01] | MySQL Homepage, http://dev.mysql.com/, bzw. http://www.mysql.org, aufgerufen am 01.12.2008 |
| [MySQL02] | Aktuelle MySQL Version, http://dev.mysql.com/downloads/mysql/, aufgerufen am 30.11.2008 |
| [MySQL03] | Aktuelle MySQL Version, http://dev.mysql.com/downloads/connector/j, aufgerufen am 30.11.2008 |
| [MySQL04] | MySQL Dokumentation, http://dev.mysql.com/doc/refman/6.0/en/, aufgerufen am 30.11.2008 |
| [PBrosch] | Java Database Connectivity (JDBC), Einbindung von Datenbanken in (Web-)Anwendungen, Petra Brosch, 2006 |
| [TUHagen] | Kursbuch Java-Webanwendungen, Servlets, JSP, JSF und Struts, Dirk Frischalowski, S. 270-277, 2007 |
| [W3C01] | http://www.w3.org/DOM/, aufgerufen am 15.12.2008 |

| | |
|---|---|
| [Wiki01] | JDBC, http://de.wikipedia.org/wiki/Java_Database_Connectivity, aufgerufen am 15.12.2008 |
| [Wiki02] | http://de.wikipedia.org/wiki/Hibernate_(Framework), aufgerufen am 05.12.2008 |
| [Wiki03] | http://www.jdom.org/, aufgerufen am 05.12.2008 |
| [Wiki04] | http://de.wikipedia.org/wiki/Document_Object_Model, aufgerufen am 05.12.2008 |
| [XAMP01] | XAMPP Homepage, http://www.xampp.org, aufgerufen am 20.12.2008 |
| [XML01] | Using JDBC to extract data into XML, PDF: Using JDBC to extract data into XML, IBM |